Fragen • Denken • Verstehen •

Warum wohnt Papa nicht zu Haus?

Christians Eltern sind geschieden

Celeste Snoek

Illustrationen von Trish Flannery

Mit Fotos von Ellen Houtman

BRUNNEN
VERLAG GIESSEN · BASEL

Warum wohnt Papa nicht zu Haus?

Zum Inhalt dieses Buches

Ein besonderer Tag für Christian: Gemeinsam mit Mama packt er die Tasche für sein Wochenende mit Papa. Mama und Papa leben nicht mehr zusammen, sie haben sich scheiden lassen. Gleich nach der Schule wird Papa Christian abholen; dessen Lehrerin weiß Bescheid und ist ihm behilflich.

Mit dem Auto geht's zu Papas Wohnung, dort wird gekocht und gegessen. Stolz zeigt Christian ein selbst gemaltes Bild und verrät, was er sich zum Geburtstag wünscht. Nach dem gemeinsamen Spielen wird geduscht. Beim Zubettgehen muss Christian jedoch feststellen, dass er sein Lieblingsstofftier nicht dabei hat. Es ist für Christian unvorstellbar, ohne Bobo einzuschlafen. Glücklicherweise ist Papa da. Er ist Christian ganz nah, liest mit seiner beruhigenden Stimme eine Geschichte vor, und eingekuschelt schläft Christian doch ein.

Kinder ...

Sie sind uns für eine gewisse Zeit anvertraut, diese kleinen Wesen, die größer werden und in eine unbekannte Zukunft hineinwachsen. Was können wir ihnen dabei mitgeben? Was überdauert wirklich, und woran werden sie sich erinnern, wenn sie sich Hilfe suchend umschauen?

Woran erinnern wir uns, wenn es anscheinend nicht mehr weitergeht? Es sind doch meist Situationen, in denen wir eine gute, tragfähige Beziehung erlebten und ein vertrautes Gegenüber, auf das wir uns verlassen konnten, das sich Zeit für uns nahm. Es waren zwar unterschiedliche Persönlichkeiten, jedoch strahlten sie immer etwas aus, das uns selber wachsen und erstarken ließ und gleichzeitig ein Gefühl der Geborgenheit vermittelte. Diese Erlebnisse lassen uns ahnen, dass es etwas Größeres als unsere Hilflosigkeit gibt.

... brauchen Eltern

Die ersten und wichtigsten Bezugspersonen für Kinder sind ihre Eltern – Vater und Mutter. Sie haben „Ja" gesagt zu dem neuen Leben, zu ihrer Verantwortung und den damit verbundenen gemeinsamen Aufgaben. Sie helfen, eine Basis für die Entfaltung der eigenen Stärken und der Beziehungsfähigkeiten ihrer Kinder zu schaffen. Sie bieten ein Zuhause, das im Kleinen auf die große Welt vorbereitet.

Aber nicht immer geht es so idealtypisch zu. Eine der möglichen Ursachen kann die Entscheidung der Eltern sein, ihr Eheversprechen zu revidieren, sich zu trennen, sich scheiden zu lassen. Es ist und bleibt die ureigene Entscheidung dieser beiden erwachsenen Personen, und doch hat sie tief greifende Auswirkungen auf die gemeinsamen Kinder.

Einige der zusätzlich zu klärenden Fragen sind dann: Wie können wir getrennt und doch gemeinsam unserer Elternschaft nachkommen? Wie können wir den Kindern helfen, die Verantwortung für diesen Schritt bei uns Eltern zu belassen? Wie können wir jeweils gleichzeitig Vater- und Mutteraufgaben wahrnehmen? Wie können wir unsere Situationen und Befindlichkeiten so in den Griff bekommen, dass unsere Kinder möglichst gut aufwachsen und aus den „erwachsenen" Querelen herausgehalten werden?

... brauchen Vertrauen und Sicherheit

Scheidung stellt einen Vertrauensbruch dar. Vertrauen, als Voraussetzung für die Entwicklung des Gefühls der Sicherheit, ist für Kinder besonders wichtig. Sie brauchen Vertrauen zu Erwachsenen für ihre gesunde Entwicklung, da es eine entscheidende Grundlage für spätere Beziehungen ist.
Wenn Eltern auseinander gehen, wird an den Fundamenten der kindlichen Existenz gerüttelt. Kinder zeigen hierauf ihre eigenen Reaktionen. Diese werden oft missinterpretiert, und doch ist es so wichtig, ihre „Hilferufe" wahrzunehmen und liebevoll darauf zu reagieren.
Häufig werden die Auswirkungen einer Scheidung auf die Kinder unterschätzt. Bei dem notwendigen Trauer-Prozess der Verarbeitung benötigen sie hilfreiche Begleitung. Auch wenn das Vertrauen zu den Eltern für eine gewisse Zeit gebrochen ist, sollten Kinder lernen, die Entscheidung der Eltern zu verarbeiten, Unumkehrbarkeiten zu akzeptieren und wieder neues Vertrauen zu beiden Elternteilen aufzubauen.

... brauchen Liebe und Nähe

Trotz der Trennung der Eltern brauchen Kinder die Gewissheit, dass sie weiterhin gewollt und geliebt sind, dass sie sich bei beiden Elternteilen aufgehoben, geborgen und „zu Hause" fühlen dürfen, egal bei wem sie sich aufhalten. Sie müssen ihre Gefühle zulassen und darüber reden dürfen, auch über Trauer, Schmerz, das Sich-verlassen-Fühlen, vielleicht auch Wut und Ärger. Selbst wenn es reizvoll erscheint, darf dies nicht gegen den anderen Elternteil missbraucht werden. Es sind Möglichkeiten, neues Vertrauen aufkeimen zu lassen und Beziehungen neu zu gestalten.
Denn neben der Zuneigung jedes der nun getrennt lebenden Elternteile braucht das Kind auch die Gewissheit, dass seine Liebe zu Vater und Mutter durch den jeweils anderen Elternteil mit Wertschätzung geachtet wird.

... brauchen Freunde

Gut begleitet können Kinder die Belastung einer Scheidung verkraften und verarbeiten. Hierbei ist das Darüber-Reden eine wichtige Hilfe. Nur wer Emotionen ausdrückt, kann getröstet werden und fühlt sich mit seiner Trauer nicht alleine. Hierfür brauchen Kinder erwachsene Freunde, die ihnen Sicherheit anbieten. So können sie die wohltuenden Wirkungen tragfähiger Beziehungen und wirklicher Freundschaft erleben. Dies können Personen des Umfeldes sein, wie Verwandte, Lehrkräfte, Nachbarn und Freunde der Eltern. Auch ist für viele Kinder das Gebet und der Glaube an einen liebevollen und persönlichen Gott ein hilfreiches Fundament, um mit der Verunsicherung besser umzugehen.

... brauchen Hilfe

Es können weder alle Fragen noch Antworten hier behandelt werden. Jedoch ist es notwendig, für die Kinder wie auch für die erwachsenen Beteiligten Unterstützung und vielleicht sogar professionelle Hilfe in Anspruch zu nehmen. Für sie alle ist es wichtig, wieder Vertrauen zu erleben. Dies kann auf verschiedene Weisen geübt werden und hat mit Zuhören und Sich-Aussprechen zu tun. Hierzu Mut zu machen, soll das wichtigste Anliegen dieses Buches sein.

Detlef Müller, Familientherapeut

Was muss mit?

Mama hilft Christian, seine Reisetasche zu packen.

An diesem Wochenende wohnt Christian nämlich bei Papa.

Mama legt zwei frisch gewaschene Unterhosen in die Tasche.

„Hast du deinen Schlafanzug?", fragt sie Christian freundlich.

Christian holt seinen Pyjama und steckt ihn in die Tasche.

Er nimmt auch das Vorlese-Buch mit, das neben seinem Bett liegt.

Dann kann Papa abends dort weiterlesen, wo Mama aufgehört hat.

Jetzt noch ein Hemd, Socken und ein Pullover. Fertig.

Seine Zahnbürste muss Christian nicht einpacken.

Er hat eine bei Papa.

Mama schaut sich im Zimmer um:

„Haben wir auch wirklich nichts vergessen?"

Christian schüttelt den Kopf. Nein, er hat alles.

Überleg mal:

- Warum wohnt Papa nicht mit Christian und dessen Mama zusammen?
- Wie verhält sich Christians Mama?
- Entdeckst du auf dem Bild etwas, das Christian vergessen haben könnte?

Christian und Mama

Wenn kleine Bären...

Eine Reisetasche in der Schule

Die Lehrerin wartet schon auf die Kinder.

Christian versucht, seine Reisetasche an den Kleiderhaken zu hängen.

„Kann ich dir helfen?", fragt die Lehrerin.

Aber Christian ist stark. Er schafft es ganz allein.

Anna-Lena schaut Christians Tasche mit großen Augen an.

„Hast du dein Pausenbrot da drin?", fragt sie.

„Nö!", lacht Christian. „Das ist meine Reisetasche.

Nach der Schule fahre ich zu Papa nach Hause."

„Hä?", wundert sich Anna-Lena. „Wohnt dein Papa denn nicht bei dir?"

„Nein", antwortet Christian. „Papa wohnt woanders."

„Aber warum denn?", bohrt Anna-Lena weiter.

„Fand er es bei euch nicht mehr schön?"

„Christians Eltern sind geschieden", erklärt die Lehrerin.

Überleg mal:

- Weshalb nimmt Christian seine Reisetasche mit in die Schule?
- Was bedeutet es, wenn Eltern sich scheiden lassen?

Christians Lehrerin

In Papas Auto

Als der Unterricht zu Ende ist, wartet Papa schon vor der Schule.

Christian entdeckt ihn sofort und läuft ihm voller Freude in die Arme.

Papa drückt Christian an sich. Er freut sich auch über das Wiedersehen.

Gemeinsam gehen sie zum Auto.

Papa legt Christians Reisetasche in den Kofferraum.

Als sie losfahren, winkt Christian seiner Lehrerin zu.

„Und, mein Großer, was habt ihr heute gemacht?", fragt Papa.

„Ich hab dir ein Bild gemalt", antwortet Christian.

„Wirklich?", staunt Papa. „Da bin ich aber neugierig!"

Papa schaut Christian an. Er schüttelt den Kopf.

„Immer wenn ich dich sehe, bist du wieder ein Stück gewachsen", brummt er.

„Das sagst du jedes Mal!", seufzt Christian.

„Na, weil es stimmt!", lacht Papa.

Überleg mal:

- Wie findet Christian es, dass Papa ihn abholt?
- Ob Papa Christian lieb hat?
- Warum hat Papa jedes Mal den Eindruck, Christian sei wieder gewachsen?

Das Auto von Christians Papa

Das Geburtstagsgeschenk

Papa kocht. Es gibt Spagetti. Die mag Christian sehr gern. Papa auch. Bei Mama zu Hause gibt es fast nie Spagetti, weil Mama sie nicht so gern isst.

Nach dem Essen bewundert Papa Christians Bild.

„Soll ich das sein?", fragt er vorsichtig.

„Nö!", kichert Christian. „Das ist doch eine Giraffe!"

„Stimmt. Jetzt erkenne ich es auch", lacht Papa. Dann wird er wieder ernst.

„Hast du noch mal über dein Geburtstagsgeschenk nachgedacht?", fragt er.

„Ja", nickt Christian. Er rutscht auf seinem Stuhl herum.

„Ich möchte mit Mama und dir Hamburger essen."

„Ist das alles?", fragt Papa verwundert.

Ja. Das ist Christians größter Wunsch:

Mit Mama und Papa zusammen zu sein.

Überleg mal:

- Was wünscht sich Christian zum Geburtstag?
- Warum wünscht er es sich wohl so sehr?
- Was hättest du dir an Christians Stelle gewünscht?

Christians Papa

Unter der Dusche

Es ist Schlafenszeit. Aber erst muss Christian unter die Dusche.
Bei Mama geht er abends in die Badewanne.
Dann setzt er seine Taucherbrille auf
und spielt mit seinem kleinen Plastikschiffchen.
Aber Papa hat keine Badewanne. Nur eine Dusche.
Deshalb geht Christian bei Papa unter die Dusche.
Dort spielt er mit seiner Wasserpistole.
Damit spritzt er gegen die Glastür und gegen die Fliesen.
„Peng! Peng!", ruft Christian. „Ich bin ein Cowboy!"
„Dann treib deine Kühe mal im Bett zusammen.
Jetzt ist nämlich Schlafenszeit", sagt Papa.
Er dreht den Wasserhahn zu. Schade für Christian, den Cowboy.
Papa trocknet ihn schnell mit einem großen Handtuch ab.

Überleg mal:

- Warum geht Christian bei Papa immer unter die Dusche?
- Wie findet Christian es, dass Papa keine Badewanne hat?

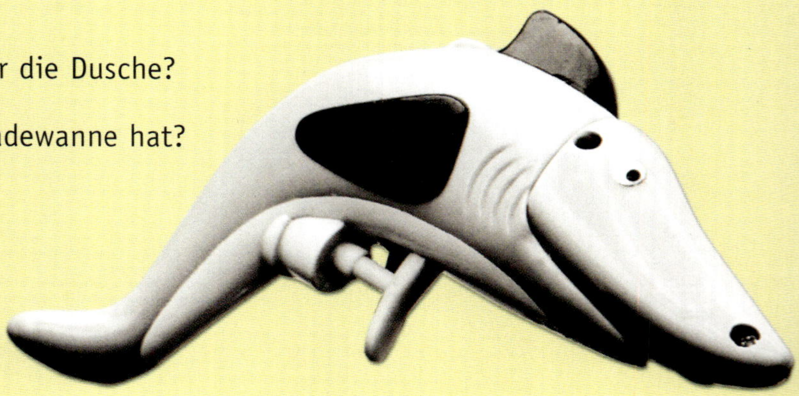

Christians Wasserpistole

Wo ist Bobo?

Christian hat seine Zähne geputzt und seinen Pyjama angezogen.

Papa schlägt die Bettdecke zurück.

„Spring schnell rein!", ruft er Christian zu.

„Aber Bobo muss mit", sagt Christian.

Ohne Bobo, seinen Kuschelhund, kann Christian nicht einschlafen.

Papa stellt die Reisetasche auf das Bett und sucht.

„Wo ist er denn?", fragt er. „Siehst du ihn?"

Christian erschrickt. Bobo ist doch da? Er muss einfach da sein!

Papa packt die Tasche aus und sucht nach dem Stoffhund.

Christians Mundwinkel zucken. Wo ist Bobo?

„Bist du sicher, dass du Bobo eingepackt hast?", fragt Papa.

„Das weiß ich nicht mehr", schluchzt Christian.

Eine dicke Träne läuft ihm über die Wange.

Überleg mal:

- Warum weint Christian?
- Weißt du, wo Bobo ist?
- Was sollen Papa und Christian jetzt machen?

Christians Tasche

Ohne Bobo geht es nicht!

„Nein, Bobo ist wirklich nicht da!", sagt Papa.

Da weint Christian noch mehr.

„Aber ich muss Bobo haben!", schluchzt er.

Papa seufzt. Er streichelt Christian über den Rücken.

„Das weiß ich ja. Aber er ist nun mal nicht da", sagt er liebevoll.

„Ruf Mama an!", schreit Christian. „Sie soll ihn herbringen."

„Das geht nicht", sagt Papa. „Sie hat doch kein Auto.

Und heute Abend ist sie auch gar nicht zu Hause."

„Aber ich muss Bobo haben!"

„Ja, Christian. Aber er ist nicht da!", seufzt Papa.

„Dann fahren wir ihn jetzt holen!", ruft Christian.

„Das geht doch nicht", sagt Papa. „Es ist zu weit.

Und ich habe auch keinen Schlüssel von Mamas Wohnung."

Überleg mal:

- Warum kann Papa Bobo nicht holen?
- Was würdest du an Christians Stelle tun?
- Was würdest du an Papas Stelle tun?

Bobo

Papa bleibt bei Christian

Papa setzt sich auf das Bett und nimmt Christian auf den Schoß.

„Ich will Bbbbobbo!", schluchzt Christian.

„Das verstehe ich", sagt Papa. „Aber ich kann ihn dir nicht holen."

„Ich will, dass Mama hier ist!", weint Christian.

Papa seufzt und nimmt Christian in den Arm.

„Ich weiß, dass du deine Mama ganz doll vermisst, wenn du bei mir bist.

Das tut mir auch sehr Leid für dich.

Hilft es dir, wenn ich mich zu dir lege, bis du eingeschlafen bist?"

Christian schaut Papa aus verweinten Augen an und nickt.

Also schlüpft Papa zu Christian unter die Decke.

Er legt seinen Arm liebevoll um Christian. „Liegst du gut so?", flüstert Papa.

Christian nickt. Dabei denkt er an Mama und Bobo.

Papa ist so lieb! Aber Mama auch.

Überleg mal:

- Warum will Christian seine Mama bei sich haben?
- Was hältst du von Papas Idee, Christian zu trösten?

Christians Mama

Wenn kleine Bären...

Papa liest vor

Christian weint nicht mehr. Er ist müde vom Weinen.

Er hört auf Papas Stimme beim Vorlesen.

Papa liest Christian aus dessen Vorlese-Buch vor.

Papa macht Bruno Bärs Stimme nach.

„Wo ist mein Honig geblieben?", brummt er.

Wenn Mama vorliest, klingt das ganz anders.

Christian seufzt noch einmal.

Während Papa weiterliest, denkt Christian an morgen.

Dann fahren sie gemeinsam zu Oma. Das ist schön.

Christian wird sehr müde. Er gähnt.

„Nächstes Mal muss ich besser aufpassen,

wenn ich meine Tasche packe", denkt er noch.

Danach denkt er nichts mehr. Christian schläft.

Überleg mal:

- Warum kann Christian jetzt doch einschlafen?
- Was hat Papa morgen mit ihm vor?

Christians Vorlese-Buch

Christian träumt

Papa hört auf vorzulesen und schaut Christian an.

Vorsichtig wischt er seinem Sohn die letzte Träne von der Wange und gibt ihm einen Kuss auf die Stirn.

Dann geht Papa auf Zehenspitzen aus dem Zimmer.

Er lässt die Schlafzimmertür einen Spaltbreit offen.

Christian träumt schon.

Er träumt von Papa und Mama.

Und davon, dass sie zu dritt Hamburger essen.

Papa macht Quatsch und Mama lacht darüber.

Christian fühlt sich zwischen den beiden so wohl!

Ein Lächeln huscht über sein Gesicht.

Schlaf gut, Christian!

Überleg mal:

- Warum lässt Papa die Tür einen Spaltbreit offen?
- Wovon träumt Christian?
- Was ändert sich, wenn Eltern geschieden sind?

Christians Bett

In dieser Reihe sind bereits erschienen:

Wie ist das, wenn ein Baby kommt?
Tims Mama ist schwanger

Wer hat die Sticker gestohlen?
Ehrlich sein

Warum gibt es immer Streit?
Klara findet eine Lösung

Was kann Lukas trösten?
Die traurige Geschichte mit Pauline

Bin ich überhaupt nicht wichtig?
Emma ist eifersüchtig

Titel der niederländischen Originalausgabe:
Scheiden. Logeren bij papa

Ins Deutsche übersetzt von Irmtraut Fröse-Schreer

Text: Celeste Snoek
Konzeption der Serie: Berdie Memel-Saris
Fotos: Ellen Houtman
Illustrationen: Trish Flannery
Redaktion: Marita Nijenhuis
Beratung: Loes van der Heiden, Els Nuisker
Für die deutsche Ausgabe: Detlef Müller

Deutsche Ausgabe:

www.brunnen-verlag.de
Satz: DTP Brunnen
ISBN 3-7655-6726-4